3 1994 01334 2156

9\07

SANTA ANA PUBLIC LIBRARY

AR PTS: 0.5

D1165482

George Washington

UNA VIDA DE LIDERAZGO

por Robin Nelson

J SP B WASHINGTON, G. NEL
Nelson, Robin
George Washington

CENTRAL $22.60
                 31994013342156

ediciones Lerner • Minneapolis

Traducción al español: copyright © 2007 por ediciones Lerner
Título original: *George Washington: A Life of Leadership*
Texto: copyright © 2006 por Lerner Publications Company

Todos los derechos reservados. Protegido por las leyes de derechos de autor internacionales. Se prohíbe la reproducción, almacenamiento en sistemas de recuperación de información y transmisión de este libro, ya sea de manera total o parcial, de cualquier forma y por cualquier medio, ya sea electrónico, mecánico, de fotocopiado, de grabación o de otro tipo, sin la autorización previa por escrito de Lerner Publishing Group, excepto por la inclusión de citas breves en una reseña con reconocimiento de la fuente.

La edición en español fue realizada por un equipo de traductores nativos de español de translations.com, empresa mundial dedicada a la traducción.

ediciones Lerner
Una división de Lerner Publishing Group
241 First Avenue North
Minneapolis, MN 55401 EUA

Dirección de Internet: www.lernerbooks.com

Las palabras en **negrita** se explican en un glosario en la página 31.

Agradecimientos de fotografías

Las imágenes presentes en este libro se utilizan con autorización de: © Bachmann/Grant Heilman Photography, Inc., pág. 4; © North Wind Picture Archives, págs. 6, 11, 18, 20; Biblioteca del Congreso, págs. 8 (LC-USZ62-3913), 12, 14 (LC-USZC4-4971), 16, 23, 25 (LC-DIG-ppmsca-09502), 27 (LC-USZ62-117116); © Archivo Histórico de Imágenes/ CORBIS, pág. 10; © Bettmann/ CORBIS, pág. 17; Parque Histórico Nacional de la Independencia, pág. 19; © SuperStock, pág. 22; Erik Kvalsvik para la Asociación Histórica de la Casa Blanca, pág. 24; The Art Archive/Chateau de Blerancourt/Dagli Orti, pág. 26. Portada: © Museo de la Ciudad de Nueva York/CORBIS.

Library of Congress Cataloging-in-Publication Data

Nelson, Robin, 1971–
    [George Washington. Spanish]
    George Washington : una vida de liderazgo / por Robin Nelson.
      p. cm. – (Libros para avanzar)
    Includes index.
    ISBN-13: 978-0-8225-6235-1 (lib. bdg. : alk. paper)
    ISBN-10: 0-8225-6235-9 (lib. bdg. : alk. paper)
    1. Washington, George, 1732–1799–Juvenile literature. 2. Presidents–United States–Biography–Juvenile literature. I. Title. II. Series.
E312.66.N4518 2007
973.4'1092–dc22
                                         2006006699

Fabricado en los Estados Unidos de América
1 2 3 4 5 6 – JR – 12 11 10 09 08 07

Contenido

Un gran líder

¿Sabes cómo se llama este **monumento**? Es el monumento a Washington. Es una torre que lleva el nombre de George Washington. George Washington fue un gran **líder**. Fue el primer presidente de los Estados Unidos de América.

La madre de George le pide que se quede en casa.

Primeros años

George creció en Virginia. **Admiraba** a su hermano mayor, Lawrence. Lawrence le contaba emocionantes historias sobre sus aventuras en el mar. George quería ir al mar, pero su madre quería que se quedara cerca de casa.

George lucha en la Guerra de los Siete Años.

La Guerra de los Siete Años

Gran Bretaña y Francia controlaban partes de Norteamérica. Ambos países comenzaron a luchar por la tierra. George era un líder del ejército de Virginia. Les pidió a los franceses que se fueran de Norteamérica. Ellos no lo hicieron.

George se unió al ejército británico para luchar contra los franceses. Algunos indígenas americanos ayudaron a los franceses. Esta guerra se llamó la Guerra de los Siete Años, también conocida como Guerra Francesa e India.

Los soldados británicos usaban casacas rojas y marchaban al son de la música.

La guerra continuó. George ayudó a Gran Bretaña a ganar la guerra. Gran Bretaña controlaba Norteamérica. Este territorio se convirtió en una **colonia** británica.

George Washington a los 25 años

George comanda el Ejército Continental.

Líder del Ejército Continental

Muchos **colonos** no querían seguir bajo el gobierno de Gran Bretaña. George y otros líderes coloniales decidieron que necesitaban un ejército para luchar contra los británicos. George se convirtió en el líder del nuevo Ejército Continental.

Los soldados coloniales y británicos se reúnen.

La Guerra de Independencia

Los colonos querían tener su propio país, pero los británicos no estaban de acuerdo. El ejército británico peleó para mantener el control del país. La guerra entre Gran Bretaña y las colonias se llamó la **Guerra de Independencia**.

Las tropas británicas dejaron de luchar en el invierno. Hacía demasiado frío. Pero George y su ejército no dejaron de pelear.

George y su ejército intentan conservar el calor en el invierno.

Una fría noche de diciembre, George
guió a su ejército a través de un río de
heladas aguas para sorprender al
ejército británico. George ayudó a su
ejército a vencer a los británicos.

Pronto, los británicos se **rindieron** ante
George y el Ejército Continental. Los
británicos se dieron por vencidos. Los
colonos ganaron la guerra. La Guerra
de Independencia había terminado.
¡Eran libres!

George Washington era un héroe.

George Washington promete ser un buen líder.

Presidente Washington

Los colonos crearon su propio país y lo llamaron los Estados Unidos de América. Necesitaban un **gobierno** propio. Un gobierno dirige un país y crea leyes. Estados Unidos necesitaba a alguien que fuera el líder del gobierno. Los Estados Unidos necesitaba a George Washington.

George Washington fue el primer
presidente de los Estados Unidos.

Hizo una gran esfuerzo por atender las necesidades de todos.

El presidente Washington saluda a los estadounidenses.

George ayudó a planificar la capital, Washington, D.C. El gobierno dirigiría al país desde esta ciudad.

La capital se ha convertido en una ciudad muy grande.

George decidió cómo debía ser la casa del presidente.

John Adams fue presidente después de George Washington.

George guió al país durante ocho años. Entonces decidió que sería mejor para el país tener a un nuevo presidente.

George Washington fue un gran líder.
Era inteligente y tomaba buenas
decisiones. Era valiente y sabía
escuchar a los demás.

CRONOLOGÍA DE GEORGE WASHINGTON

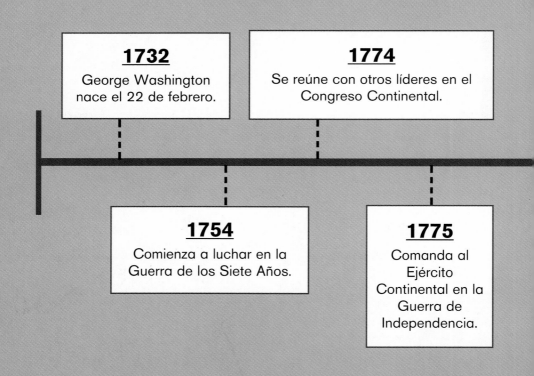

1732
George Washington nace el 22 de febrero.

1774
Se reúne con otros líderes en el Congreso Continental.

1754
Comienza a luchar en la Guerra de los Siete Años.

1775
Comanda al Ejército Continental en la Guerra de Independencia.

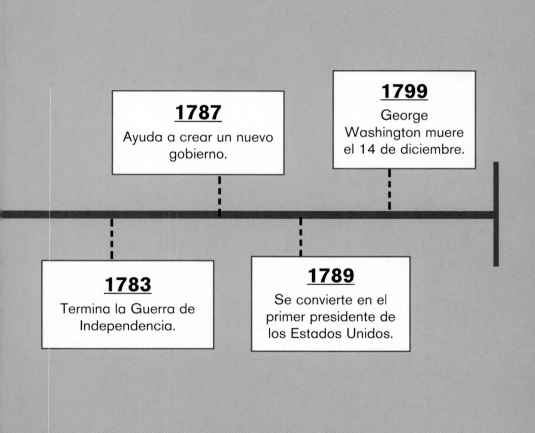

Más sobre
George Washington

- A George Washington también se le conoce como "padre de la patria".

- George Washington era muy alto. Medía 6 pies y 2 pulgadas (1.9 metros).

- El rostro de George Washington aparece en los billetes de un dólar y en las monedas de 25 centavos.

Sitios Web

Kids Portrait–George Washington: A National Treasure
http://www.georgewashington.si.edu/kids/portrait.html

US Presidents–George Washington
http://www.whitehouse.gov/kids/presidents/
georgewashington.html

World Almanac for Kids
http://www.worldalmanacforkids.com/explore/presidents/
washington_george.html

Glosario

admirar: estimar o valorar

colonia: territorio gobernado por otro país

colono: persona que vive en una colonia

gobierno: grupo de personas que dirigen un país

Guerra de Independencia: la guerra entre las colonias británicos en Norteamérica y Gran Bretaña por la libertad de las colonias

líder: persona que guía a los demás

monumento: algo que nos ayuda a recordar a alguien

rendirse: darse por vencido

Índice